Opere dello stesso autore:

- *'Asfâr wa sirâb* – *Viaggi e miraggi* (bilingue arabo-italiano), ed. I Fiori di Campo, 2003

- *'Inni qarartu 'Akhîran an 'arhala b'aîdan m'a-l-laqâliq* – *Ho deciso finalmente... andrò via con le cicogne...*, (bilingue arabo-italiano), Collezione Maestrale, 2005

- *Poésies depuis la ville de Menton* - *Poésias desde la ciudad de Menton*, (bilingue spagnolo-francese) ed. Edilivre, 2008 ; ed. BOD, 2016

- *Silvia o la ilusión del amor*, (spagnolo) ed. Lampi di Stampa, 2010

- *Tierra del Fuego*, (spagnolo) ed. Lampi di Stampa, 2014

- *Il caimano*, (italiano) ed. BoD, 2014

- *Muhît al-kalimât* – *Oceano di parole*, (bilingue arabo-italiano)   ed. BoD, 2014

- *Guardando altrove*, (italiano) ed. BoD, 2016

- *Poesia della Nuova Era Vol. I*, (italiano) ed. BoD, 2016

- *Rotta per l'India* ed. BoD, (italiano) 2016

- *El marcalibros*, (spagnolo) ed. BoD, 2017

- *Rosso di Marte*, (italiano) ed. BoD, 2017

- *Lemhat al-hida'at* - *Il profilo del nibbio*, (bilingue arabo-italiano) ed. BoD, 2018

- *Il ritorno dello sciamano*, (italiano) ed.BoD, 2018

- *Intuizioni e memorie*, (italiano) ed.BoD, 2019

- *Il banchetto*, (italiano) ed. Bod, 2019

- *Sul filo del Tempo*, ed. BoD, 2019

- *Poesie della Nuova Era Vol. 2*, ed. Bod, 2020

- *Viaggiatore atemporale*, ed. BoD, 2020

Angelo Rizzi

Ritorniamo sulla Terra

Immagine di copertina: Agra Fort, foto di Angelo Rizzi, 2019

Éditeur : BoD-Books on Demand
12/14 rond point des Champs Élysées, 75008 Paris, France
Impression : Books on Demand, Norderstedt, Allemagne
ISBN : 9782322211852
Dépôt légal : mai 2020

Biografia

Angelo Rizzi è nato a Sant'Angelo Lodigiano. Ha ottenuto una Laurea in Lingua, Letteratura e Cultura Araba all'Università Montaigne-Bordeaux in Francia e ha otteuto una seconda laurea in Lingua, Cultura e Letteratura Italiana all'Università Sophia Antipolis di Nizza, sempre in Francia. Italiano madrelingua, ha composto i suoi poemi in arabo, spagnolo, francese e italiano. Grazie a questa sua particolarità, è stato invitato ed ha partecipato ad un congresso all'UNESCO nel 2006, a Parigi, sul tema *"Dialogo tra le Nazioni"*.

Ha partecipato a numerosi incontri poetici di rinomanza internazionale a Roma, L'Avana, Parigi, Curtea de Argeş (Romania), Djerba (Tunisia), Porto Alegre (Brasile), Vijayawada (India). Sue poesie sono apparse in antologie e riviste in Italia, Stati Uniti, Svizzera, Cuba, Argentina, Kuwait, Spagna, Brasile, Romania, Hong Kong, India e Bolivia. Nel 2015 la *"Academia de Létras ALPAS 21"* lo ha nominato Accademico Corrispondente Internazionale.

<u>Riconoscimenti letterari.</u>

Tra i più importanti: Vincitore Assoluto del XX° Premio Mondiale Nosside, 2004. Menzione d'Onore per la raccolta *'Asfâr wa Sirâb - Viaggi e Miraggi*, al premio Sogno di un Caffé di Mezza Estate, 2004 e Medaglia d'Argento per la stessa opera al Premio Internazionale Maestrale, 2004. Menzione di Merito al Premio Internazionale Poseidonia Paestum, 2005. I° Premio al Premio Internazionale Tra le Parole e l'Infinito, 2008, dopo avere vinto per tre volte il 2° premio nello stesso concorso nel 2005, 2006, 2007. 3° Premio al Premio Internazionale Bodini 2009.

Menzione Internazionale al Premio Alpas 21, Brasile, 2009. 1° Premio al Premio Internazionale Città di Sassari per la poesia inedita, Italia 2010. Premio della Critica al Premio Internazionale Tra le Parole e l'Infinito, 2010. 2° Premio per la raccolta *Silvia o la ilusión del amor*, della Giuria Scuole al Premio Internazionale Città di Sassari, 2011. Menzione speciale della Giuria per la Critica per la raccolta *Poésies depuis la ville de Menton-Poesías desde la ciudad de Menton* al Premio Internazionale Città di Sassari, 2012 e Premio Speciale per la Critica della Giuria delle Scuole per la stessa opera. Ha ottenuto il Premio per la Migliore Opera in lingua straniera per la raccolta *Poésies depuis la ville de Menton-Poesías desde la ciudad de Menton*, al Premio Internazionale Locanda del Doge, 2013. II° Premio al Premio Internazionale Carmelina Ghiotto Zini, 2013. 1° Premio al Concorso Internazionale di Poesia Città di Voghera, 2014. 3° Classificato per la silloge inedita *Il caimano* al Premio Internazionale Città di Sassari 2014 e Menzione Speciale per la stessa opera edita e ampliata al Premio Internazionale Casentino, 2015. 2° Premio al Premio Letterario "Il litorale", per la raccolta *Muhît al-kalimât – Oceano di parole*, 2016. Menzione d'Onore sempre per la raccolta *Muhît al-kalimât – Oceano di parole*, al Premio Casentino, 2016. Premio per la Critica, per la narrativa (racconto breve), al Premio Internazionale Tra le Parole e l'Infinito, 2016 e 2018, oltre Premio della Critica nel 2015 e 2017, oltre a il Premio del Presidente nel 2019 per lo stesso conncorso. Premio per la Critica per la raccolta *Rosso di marte*, al Premio Europeo Massa città fiabesca d'arte e di marmo 2017. 1° Premio al Premio Internazionale Città di Voghera, 2019. Oltre a diverse Menzioni d'Onore e di Merito in altri premi. È stato Finalista in vari premi internazionali in Italia, Spagna, Svizzera, Argentina, Venezuela e Stati Uniti.

Membro di *REMES* (Red Mundial de Escritores en Español); *World Poet Society*; *Poetas del Mundo* e *SELAE* (Sociedad de Escritores Latino-Americanos y Europeos) e Motivational Strips (fb).

Nel 2015, a Cruz Alta (R/S) in BRASILE, è stato nominato Accademico Corrispondente Internazionale dalla *Academia Internacional de Artes, Letras e Ciênsas* ALPAS 21.

- 2020, Il forum Motivational Strips, Mascate, OMAN, gli ha attribuito la *Golden Medal Ambassador de Literature*

- 2020, La Unión HispanoMundial de Escritores, Urubamba, PERÙ, gli ha attribuito il *Premio Mundial a la Excelencia Literaria*.

Partecipazioni Letterarie

- 2004, Reading Poetico, Istituto Italo - Latinoamericano, Roma, ITALIA.

- 2005, Fiera del Libro, L'Avana, Ospite d'Onore alla premiazione del Premio Nosside Caribe, CUBA.

- 2005, Festival della Poesia, L'Avana, CUBA.

- 2006, Reading Poetico, Fiera del Libro, L'Avana, CUBA.

- 2006, Congresso all'UNESCO sul tema "Dialogo tra le Nazioni", Parigi, FRANCIA.

- 2006, Reading Poetico, Institut du Monde Arabe, Parigi, FRANCIA.

- 2014, 2015, 2016, 2018, Salone del Libro di Montecarlo, MONACO.

- 2014, Fête du Livre, Breil sur Roya, FRANCIA.

- 2014, Festival du Livre, Mouans-Sartoux, FRANCIA.

- 2016, Festival Internazionale della Poesia, Curtea de Argeş, ROMANIA.

- 2017, Reading Poetico Internazionale in chiusura al 1° *Symposium Science et Conscience*, Djerba, TUNISIA.

- 2018, Reading Poetico Internazionale in chiusura al 2° *Symposium Science et Conscience*, Djerba, TUNISIA.

- 2019, Fiera del Libro, Porto Alegre R/S, BRASILE.

- 2019, *International Amaravati Poetry Meeting*, CCVA Vijayawada, Andra Pradesh, INDIA.

Che cos'è l'anima? L'anima è coscienza.
E brilla come la luce dentro al cuore.

Brihadaranyaka Upanishad

"Ciò che chiamano caso,
non è altro che la causa ignota di un effetto noto".

Voltaire

Premessa

L'intrigante saga proposta da Angelo Rizzi sulle vite anteriori, le vite precedenti dell'autore stesso, è giunta al 7° volume. Questa collezione di libri non ha l'ambizione del saggio, ne del resoconto tematico, seppure di tematica si parli, di reincarnazione e di karma. L'unico proposito è di offrirere un'originale opera letteraria in prosa poetica. Avventure di vita, al seguito di un ambasciatore alla corte del Grande Moghul, interprete straniero nell'antico Egitto, monaco e letterato benedettino, ma in due vite differenti, in due paesi diversi, rampollo normanno nella Sicilia appena conquistata, guardia del corpo e poi collaboratore di un famoso geografo arabo alla corte di re Ruggero, esploratore e capitano con i *conquistadores* nel Centro America, menestrello nell'Inghilterra medievale del Basso Medioevo. Non solo avventure di vita, ma l'avventura della vita unita all'esperienza ed alla riflessione. Ricordare per riconoscersi, per vivere il presente in maniera migliore, la possibilità di correggere il *karma* per un prezioso futuro e l'evoluzione interiore. Di volume in volume, aumentano le riflessioni sul *karma*, sulla storia personale che si ripete, pur cambiando di epoca, di vita, di situazione, finchè non si imparano le lezioni di cui si ha bisogno per cambiare percorso.

Il *karma* può cambiare nel tempo, seguendo il *dharma*, cioè vivendo secondo la propria vera natura.

Ritorniamo sulla Terra

Quasi alla fine dell'anno, alla fine del viaggio *

Nell'ultimo mese di quest'anno

ho realizzato un sogno

ma sarebbe meglio

chiamarlo desiderio

una voglia recondita

di visitare l'India

un'ambizione remota

antica, in attesa

da quarantacinque anni

la prima volta

nella mia esistenza attuale

sicuramente

non la prima in assoluto.

Nei miei scritti

questo immenso paese

* (2019)

lo si incontra in continuuazione
 mi accompagna, direi
nei miei viaggi atemporali
come un felice ritornello
un interminabile mantra
attraverso i labirinti del *karma*.
Quasi alla fine dell'anno
alla fine del viaggio
avvicinandomi al Forte di Agra
prima ancora di entrare
nel solo vederne le mura
accarezzate da arenaria rossa
alte, impressionanti
ho spalancato gli occhi
come mi fossi svegliato

meglio dire risvegliato.
Avanzando verso una delle porte
come attirato da una dolce forza
certo, che mi attendevano
grandi meraviglie.
E così è stato!
Oltre il portale, ho incontrato
un palazzo imperiale
magnifico, di marmo bianco
dove ho ammirato ogni cosa
ho indugiato ad ogni angolo
ogni porta, ogni colonna
ogni arco che le unisce
in una cascata di bellezza
un'architettura esultante

giubilante.

Ho provato passaggi

salito scale

per osservare dall'alto

quel che si vede attorno

mentre scoiattoli giocosi

per niente infastiditi

correvano da ogni lato

in piena libertà

come se la reggia fosse loro

la loro casa.

Completamente rapito

non ho idea di quanto tempo

sia rimasto in questo luogo

sono sceso ad osservare i giardini

risalito in alto

ho ispezionato, esplorato

scrutato le ombre

le penombre

in ogni anfratto

sotto ogni portico

dietro ogni forma.

Laggiù ci sono già stato!

Molto tempo fa...

Ritorniamo sulla Terra

per i desideri che si hanno

abbiamo sempre obbiettivi

brame, mire, smanie, aspirazioni

per esaudirli ritorniamo

in un corpo fisico

solo quando riusciremo

a non avere altre ambizioni

non ci incarneremo più

resteremo altrove

in un mondo di luce.

Laggiù ci sono già stato!

Molto tempo fa...

Ho già degli indizi

il resto, lo riconoscerò!

Visita inattesa

Il sole allo zenit
di un giorno d'ottobre
un viandante scortato da due soldati
chiede ospitalità
nel monastero
porta abiti religiosi, eleganti
si presenta
il priore sgrana gli occhi
gli dà il benvenuto
si porge in inchini reverenziali
non ascolto le loro parole
osservo la scena
un po' in disparte.
Il giorno dopo, l'ospite
mi viene a cercare

sono il *fratello speziale*.
È venuto a sapere
del mio privilegio
tutto si viene a sapere
del mio scambio epistolare
con Ildegarda von Bilden. *
Il portamento, lo sguardo
i suoi modi
lasciano trasparire carisma
saggezza, importanza.
Intrigato gli chiedo
con chi ho a che fare
mi dice che il suo nome è John
ma lo chiamano Jean
Giovanni, Iohannes

* *Intuizioni e memorie*, di Angelo Rizzi, ed. BoD, 2019

a seconda di dove si trova
afferma di essere nato
in Inghilterra
quando l'aurora
di un giorno felice
si tingeva di rosa
striata di pallido arancione.
Aggiunge che così almeno
aveva detto sua madre
e gli sfugge
un sorriso sornione.
Capisco l'enigma, lo risolvo
mi trovo davanti
a Jean de Salisbury
eminente filosofo, storico

teologo riformista
grande viaggiatore
ha superato le Alpi
per ben dieci volte
per aggiornarsi sul progredire
delle università italiane
oltre che per missioni papali.

L'udienza

Arriviamo a gennaio

forse dicembre

l'ambasciatore inglese

il suo servitore ed io

che svolgo le mansioni

di segretario.

Non è la memoria

ma le mie intuizioni

seguite da ricordi sfumati

in bianco e nero.

Che tutto ciò sia frutto

della mia immaginazione?

Qualcuno che vede

mi ha detto di no

Françoise la veggente

è stata formale:
Credi di immaginare
ma quello che scrivi
è il tuo vissuto!
In realtà mi da del Lei
ma preferisco utilizzare il Tu
come in inglese o in arabo
agevolazione che non sminuisce
ne il rispetto, ne la deferenza.
Il mio principale ottiene udienza
una folla di nobili, ufficiali
circonda il trono
tra gli astanti sono presenti
altri europei.
Presenta le credenziali

all'imperatore

il figlio di Akbar, il grande

spiega chi lo invia

mostra i regali, per i quali

il Grande Moghul fatica

a dissimulare disprezzo.

L'accampamento reale

è immenso

ha l'estensione di una città

con padiglioni sontuosi

riccamente decorati

siamo strabiliati

di fronte a tale quantità

di cavalli ed elefanti.

Domenica, 23/02/2020

Sono riuscito a ricomporre
frammenti separati
di una vita anteriore
della stessa vita.
Di alcune circostanze
più in luce
ne ho parlato di recente *
mentre altri aspetti
sono rimasti in chiaroscuro
un po' in penombra.
Nasco verso la metà
del secolo dodicesimo
in un contesto prospero ed inedito
che mai si era visto
dall'inizio Medioevo.

* *Visita inattesa* (*Ritorniamo sulla Terra*)

Si avverte fermento, mutazione
delle strutture sociali, culturali
il mondo monastico
si accentra di nuovo
sulla funzione meditativa
fioriscono scuole urbane
le discipline insegnate
sono stimolate
dal nuovo slancio per le traduzioni
dal greco, dall'arabo.
In questo ambito favorevole
più tardi, già uomo
ho l'opportunità
come monaco *speziale*
in un monastero francese

di un fruttuoso scambio
con Ildegarda
la mistica badessa
che ha saputo unire
la scienza delle erbe
con la scienza dello spirito.
Conosco, incontro
Jean de Salisbury
che nei suoi scritti afferma
... *"nani sulle spalle di giganti"*
frase, che attribuisce
con grande onestà
ad uno dei suoi maestri.
Sono d'accordo
non tutti lo sono

poiché il sapere è cumulativo.
Se vediamo più cose
e più lontano di loro
dei *"giganti"* dell'antichità
non è a causa della nostra
perspicacità
della nostra vista
della nostra grandezza
ma perché abbiamo appreso da loro.
Eminente pensatore, riformatore
mi invita a prendere lezioni di logica
vale a dire la ragione, il linguaggio
il ragionamento
lo studio delle regole formali
che deve rispettare

ogni corretta argomentazione.
Lui, trapassa tre anni dopo
la badessa lo anticipa di un anno.
Seguo il suo consiglio
lascio il monastero
per dedicarmi allo studio
di altre discipline
ampliando i miei interessi
vagolando
da un monastero ad una scuola
da un'altra scuola
ad un altro monastero.
Sul finire di questa vita
ho la fortuna di conoscere
un terzo personaggio

per me essenziale
il suo nome
è Robert Grosseteste *
insegna a Oxford
a lui, consegno io
personalmente
importanti manoscritti
provenienti dall'oriente.
Una vita colma di soddisfazioni
di incontri, di scambi
di condivisioni
di esperienze.

* *Il banchetto*, di Angelo Rizzi, ed. BoD, 2019

La dignità naturale

Favoloso il fasto
della corte
nel forte di Agra.
L'imperatore è incuriosito
dalle lettere del re d'occidente
sa leggere tra le righe
percepisce la stima affettuosa
del sovrano inglese
verso il suo inviato.
Da parte sua
Sir Thomas Roe
rimane impressionato
dal talento, dallo stile
degli artisti indiani
dotati di estrema abilità

grande ingeniosità.

Nel corso del tempo

tra i due uomini

nasce una sorta di amicizia.

La sua grande intelligenza

il suo aspetto virile

la sua eleganza

la sua dignità naturale

sommati alla sua grande abilità

gli permettono di entrare

nei favori del re dei re

di eliminare nel breve termine

l'influenza portoghese

nonostante qualche resistenza

di uno dei principi

e della sua consorte

proprio quel principe

che un giorno regnerà

al posto del padre

e porterà l'architettura *moghul*

al punto più alto, all'apice

proprio quel principe

che farà costruire il Taj Mahall.

La festa

I faraoni sono arrivati
alla diciottesima dinastia
sono l'interprete, mi chiamano
"lo straniero che parla egiziano"
un'ancella, dai capelli lunghi e bruni
passa davanti, gira il capo verso me
senza fermarsi
accenna un sorriso
complice e contenuto
con estrema grazia nei movimenti
si allontana
qualcosa mi dice
che potrebbe essere la mia donna.
È stata scelta, è connessa
con gli spiriti, con l'inframondo

veste e si pettina come loro
come le altre
eppure sento che appartiene
alla mia stessa etnia.
C'è una festa, per una dea
mani femminili con un pestello
sminuzzano in un mortaio
petali di ninfea azzurra
il Nilo è vicino
triturano frutti di mandragora
sono arancioni
producono un variegato insieme
di composti volatili
dalle proprietà inebrianti.
le mani femminili

miscelano con bevande
i due ingredienti
hanno virtù afrodisiache.

L'ateo

Sir Thomas riteneva
l'imperatore
aperto sulle altre religioni
ma lo considereva
come fosse un ateo.
Mi faceva notare
che il grande sovrano
si eccitava
quando opponeva i gesuiti
in diatribe teologiche
con i suoi imam
e moriva dal ridere
nel vederne le reazioni.
Su questo argomento
discordavo dal mio mentore

ritenendo a mia volta
che il sovrano cercasse
l'esoterismo della conoscenza
piuttosto che la fede.

L'interprete

L'Egitto si considera
un impero universale
appena appena riconosce
che esistono altre realtà
oltre le sue frontiere
vede i paesi limitrofi
come una vaga nebulosa
caotica, disorganizzata
da sottomettere, ordinare.
Lo stesso vale per le lingue
la loro lingua
è la lingua degli uomini
sono gli stranieri che devono
apprendere questo idioma
mai il contrario.

Sono vestito con abiti sontuosi
devo avere una certa importanza
sento dire "fenicio".
Sarà il mio soprannome?
Forse la mia origine?
La loro cultura è cosmica
come se fossero
ai confini dell'aldilà.
Uno dei fratelli del faraone
mi guarda torvo
non so perché
l'antipatia è reciproca
non ha nessun potere
mi inchino al suo passaggio
lui è soddisfatto

io continuo a vivere.
Sono frequenti
gli intrighi a corte
si deve praticare
l'arte dell'equilibrio.
Ho alte protezioni
per il momento
non ho nulla da temere.

Il desiderio

Ancora giovane, spirito curioso
entro nell'abbazia, benedettina
come laico, per vivere
alcuni aspetti della vita monastica
più tardi sono cantore
e bibliotecario della comunità.
Mi strugge il desiderio
di poter scrivere io stesso
non per esibire la mia più o meno
inesistente erudizione
ma per mettere in luce cose perdute
insoddisfatto dai libri del passato.
Col tempo che matura le cose
scrivo diverse opere, di genere vario
però la mia attenzione

in modo peculiare
si dirige verso lavori storici
tra i quali uno in particolare
verifico e miglioro continuamente.
Rivendico di avere
un punto di vista obbiettivo
ma alcuni mi additano
come ispirato
dall'ideologia normanna
perfino mi rimproverano
di aver addolcito la vita
del crudele re Enrico, il primo.
Viaggio in tutta l'Inghilterra
raccogliendo materiale, notizie
nella storia, degli avvenimenti
cerco le cause e gli effetti.

Il geografo

Sono normanno
rampollo di piccola nobiltà
pullulano in patria
quelli del mio rango
siamo in troppi
tra discendenti legittimi
e naturali
resta poco spazio
per l'ambizione
decido con altri
di tentare la sorte
partecipo alla conquista
della Sicilia.
È tempo di pace
re Ruggero

lungimirante
lascia libertà di culto
vuole persone di valore
attorno a sè
latini, greci, arabi, ebrei.
Comanda ad uno straniero
uomo molto noto
di creare il primo planisfero
in argento
gli chiede anche un commento
scritto in arabo.
Ho avuto modo di mostrare
la mia curiosità per le lingue
al nostro re
che mi incarica

di accompagnare, assecondare
di proteggere il nostro ospite
favorire la sua ricerca.
Il geografo al-Idrisi
è di nobile famiglia
ha acquisito molte scienze
ha viaggiato per dieci anni
raccogliendo informazioni
è metodico, scientifico
si serve di inviati
che arrivati nelle regioni
devono compilare
una griglia di indicazioni
preparata da lui stesso.
Per le regioni più lontane

utilizza i libri arabi
dei suoi predecessori
per le provincie francesi
italiane, spagnole, tedesche
diplomatici archivi di palazzo
sono sorgente di informazioni
confronta le varie fonti
scarta le notizie
se in antinomia.
Nella sua opera
suddivisa in settanta capitoli
completati da settanta mappe
descrive l'Europa
questa è una novità
il mondo diviso in sette climi

paralleli all'equatore
usa codici di colore
il blu con un filo
ondulato e bianco
per i mari, gli oceani
il verde per i corsi
d'acqua dolce
il verde anche per i laghi
raramente il blu
con ondulato nero
marrone, ocra, giallo, blu
per monti e catene montane
rosette dorate per le città
il nero per i loro nomi
il rosso per le regioni
per nominare i mari.

Codice della strada

Dovevo recarmi
a Glastonbury
all'abbazia
viaggiare, era un bel dire
camminare su strade
cosparse di sassi, polverose
che a mezza stagione
si coprono di fango
dove le caviglie sprofondano
e d'inverno gelano
un'avventura per l'uomo
i veicoli, gli animali
strade non ben definite
adattate alle vie romane
a volte mulattiere

raramente pavimentate.
Fu il mio re, ad interessarsi
bandendo pace sulle vie regie
erano quattro
in tutta l'Inghilterra
impose che fossero larghe
da consenrtire il passaggio
di due carri affiancati
oppure sedici cavalieri
uno di fianco all'altro.
Questa sorta
di primo codice della strada
stabiliva, che il carro vuoto
doveva dare la precedenza
a quello carico

il meno carico, al più carico
il viaggiatore a cavallo, al carro
il pedone, al cavaliere.
Nell'attraversare un ponte
normalmente a senso unico
la precedenza spettava
a chi era arrivato per primo.
A volte, non seguivo la strada
tagliavo attraverso i campi
tra i boschi
non amavo il senso del pericolo
ma guadagnavo tempo
accompagnato
da almeno un confratello.
Il mio scopo non era l'eroismo

piuttosto la ricerca

la conoscenza

benché condotta, guidata

da un desiderio, una brama

che non realizzata

mi ha riportato

ad una successiva

reincarnazione.

Tempo di pace

In questo lungo tempo di pace
il mio ruolo, di guardia del corpo
veniva a scemare
lui stesso, il mio protetto
era molto abile con la spada
conosceva
le tecniche di difesa.
Sono diventato suo amico
collaboratore
diciotto anni di ricerche
più tre anni di redazione
un lavoro preciso
per il mondo conosciuto al tempo
un lavoro impressionante
o meglio passionante.

Strano destino, il re Ruggiero
non ha visto ultimato
il libro a lui dedicato
è toccato al figlio Guglielmo
quanto a me
che avevo comincitato
una carriera di guerriero
rampollo viziato
perlomeno privilegiato
sono fiero di aver partecipato
a tutt'altro, al bello, al nuovo
all'insperato
di aver scoperto
che oltre l'orizzonte esiste qualcosa
fiero di essermi riconosciuto

in quello per cui ero predestinato
di aver corretto forse il mio *karma*
o il mio possibile futuro.

Il volo

In uno dei miei libri
racconto le gesta di un frate
nella stessa abbazia
però di un'epoca precedente
non l'ho conosciuto
i fratelli più anziani
ed anche i suoi scritti
formano la memoria
dove posare
la mia curiosità.
Era monaco benedettino
matematico, astrologo
aveva assistito al passaggio
della cometa di Halley
sentendo necessità

di adagiare su foglio
versi allarmanti sull'invasione
della sua patria, una predizione
che di fatto, l'anno seguente
o lo stesso anno, si avverò.
Uomo eclettico, fece parlare di sè
costruì delle ali arcuate
come fossero
di enorme pippistrello
le legò al suo corpo
salì in cima ad una delle torri
con i fratelli attorno, spettatori
si lanciò nel vuoto e riuscì a volare
per almeno duecento metri
e si sfracellò al suolo

rompendosi ambedue le gambe
restò zoppo per tutta la vita.
Uomo di incrollabile coraggio
disse che era caduto
per aver dimenticato
di attaccarsi una coda
che avrebbe bilanciato
trasversalmente il corpo
ma l'abate gli proibì
di ritornare sulla torre.
Non solo di re, di principi
di papi, di santi
ho narrato le gesta
anche di uomini audaci
impudenti, temerari
talmente attratti
dalla conoscenza
da dimenticare la propria vita.

Origini e mescolanze

Sono menestrello
suono il liuto, la citola
anche il flauto
musica profana
intono *canzoni di gesta*
di cavalieri
reali o leggendari.
Di origine germanica
gli angli e i sassoni
appartengo alla seconda
delle due etnie
ormai mescolate
con i danesi.
I normanni ambiziosi
sono giunti

sulla nostra terra
che poi sono vichinghi
mescolati con i franchi.
Nonostante queste origini
tra loro un po' diverse
stiamo creando, con orgoglio
una nuova identità.
Con me ci sono altre persone
un gruppo, altri musicisti
uno suona la ghironda
la cornamusa un altro
un altro ancora
flauto e liuto come me
però non canta
abbiamo anche un giullare

due cantatrici con tamburelli
benché di loro, mai se ne parli
eseguono danze
di origine arcaica
dal forte sapore pagano
alcune compite nonché sensuali
altre con tutto il corredo
di motivi erotici
significati magici.
In questa esistenza
non sono girovago
bisogna provare di tutto
allegro artista piuttosto giocoso
da sempre al servizio
alla corte del re.

Ho vissuto per circa trent'anni
pochi o tanti e chissà perché.
La mia anima forse, aveva deciso
a dispetto della passione musicale
che fosse terminata
la "missione di vita"
niente più mi aspettava
per l'evoluzione
per elevare lo spirito
per salire i gradini dei sette cieli
che ci attendono nel mondo astrale
di solito chiamato come l'*aldilà*.

Il complotto

Tra la bruma marina
appare un profilo
un galeone
e un altro, un terzo
ancora uno, sono dieci.
È la seconda volta
che vengo a Panama *
come pilota, esploratore
capitano
faccio parte
dell'imponente armata
con Dávila e Pizarro
due figure nere, avide
gelose.
Ordiscono un complotto

* *Il ritorno dello sciamano*, Angelo Rizzi, ed. BoD, 2017

contro Balboa
lo accusano di ribellione
tradimento
improvvisano un processo
lo condannano a morte
con i suoi amici
prendono loro
tutto l'oro accumulato.
Personalmente
sono attratto più dall'avventura
che dalla ricchezza
questo mi aiuta
non mi danno importanza
nessuno sospetta
che sono anch'io un suo amico.

Entro una mattina
nel fortino deserto
con un soldato fedele
guardo attorno prudente
circospetto
non c'è nessuno
è il buon momento.
Porto un grande cappello
a mezz'ala, marrone scuro
con una piuma di nibbio
sulla tesa sinistra, rialzata.
Avanzo deciso
verso il centro del cortile
il soldato resta al portone
c'è una testa d'uomo

infilata sopra un picco
lasciata lì per avvertire
intimorire, intimidire
l'afferro con le due mani
la tolgo con cautela
la nascondo sotto il braccio
mi allontano, con passo rapido
voglio unire la testa
del mio amico Balboa
al resto del corpo
perché abbia degna sepoltura.
Preferisco non restare
nei paraggi
ritorno dallo sciamano
della tribù *cueva*

mi invita a una cerimonia
bruciando salvia bianca
ha uno strano odore d'incenso.
Mi dice che se voglio
vivere in risonanza
devo riconciliarmi
con il mio maschile
e femminile sacro
ed onorarli.
In seguito intona
un canto dedicato all'aquila.

Musico e cantore

La vita di menestrello
è stata molto piacevole
allegra e dissoluta
aperta ad ogni piacere
della gola, della carne
tante le occasioni
molte le tentazioni.
La libertà sessuale
era all'apice
a stento repressa dalla chiesa
a parte
la "posizione del missionario"
più consona alla procreazione
tutto il resto era peccato
ma nella realtà

succedeva di tutto
che di tante cose
non ne voglio parlare
queste righe
non son nate a scopo erotico
e chi non se lo aspetta
non lo vorrei urtare.
Quanto al nostro lavoro
erroneamente a quanto si crede
non era ruolo, solo a divertire
corti principesche, di baroni
o d'altro
il buffone, le danzatrici
il musico, il cantore
eran figure di conversazione

diatriba, pettegolezzo
panegirico, apologia
portatrici di valori e norme
etici e sociali
che andavano oltre
il gruppo degli artisti
per coinvolgere
l'insieme della società
della quale erano il riflesso.
Cantare le gesta dei cavalieri
non solo di guerra
bensì di *amor cortese*
delle virtù, degli ardimenti
erano specchio indispensabile
alla riflessione sull'uomo dell'epoca

e beninteso del suo governo
lo si poteva criticare
con testi da noi cantati
o interpretati dal giullare.
Benché sia stata breve
se non temessi che la vanità
così come l'ostentazione
mi ricadano nel *karma*
posso dire che è stata vita
della quale mi potrei vantare.

Anima e corpo

Lo sciamano suppone
un'alleanza specifica
tra l'uomo e l'aldilà
la sua funzione
è di prevenire
ogni squilibrio
rispondere
ad ogni infortunio
spiegarlo, evitarlo
allievarlo.
Lo sciamano *cueva*
mi dice
che l'umano è fatto
di un corpo
e componenti invisibili

le anime, che possono
staccarsi dal corpo.
La partenza fugace
durante la notte
giustifica il sogno
la partenza prolungata
spiega la malattia
la separazione definitiva
significa la morte.
Mi dice
che solo il corpo muore
di non preoccuparmi della morte
la mia ora non è ancora venuta
mi dice di vivere
nel miglior modo possibile.

La mia anima un giorno
ritornerà
con una altro corpo
per continuarre
a vivere l'esperienza
perché la mia prossima vita
sarà il frutto, la risultante
del cumulo
delle vite precedenti.

Indice

2 Opere dello stesso autore
5 Biografia
11 Premessa

Ritorniamo sulla Terra
15 Quasi alla fine dell'anno, alla fine del viaggio
21 Visita inattesa
25 L'udienza
28 Domenica, 23/02/2020
34 La dignità naturale
37 La festa
40 L'ateo
42 L'interprete
45 Il desiderio
47 Il geografo
52 Codice della strada
56 Tempo di pace
59 Il volo
62 Origini e mescolanze
66 Il complotto
71 Musico e cantore
75 Anima e corpo